Over schildpadden en andere Joden

Hannah Yakin

Copyright © 2014 Hannah Yakin, Jeruzalem, Israël.
Alle rechten voorbehouden.

Engelse titel: *Of Tortoises and Other Jews*
Nederlandse vertaling en illustraties: Hannah Yakin
Foto's: Uit het album van Hannah Yakin
Vormgeving: Petra van der Zande

ISBN 978-965-7542-21-7

Dit boek is te bestellen door contact op te nemen met:
⇒ edenj@zahav.net.il
⇒ tsurtsinapublications@gmail.com
⇒ www.Lulu.com
⇒ www.art-yakin.com

Overzicht:
Hannah Yakin vertelt over haar jeugdervaringen in Nederland tijdens de Tweede Wereldoorlog. Dankzij de moed en vindingrijkheid van haar niet-Joodse vader worden de Joodse Hannah, haar moeder en twee zusjes niet gedeporteerd en verbergen zij heel wat Joden in hun huis.

Trefwoorden:
Tweede Wereldoorlog, Jodenvervolging, Amstelveen, onderduikers, hongerwinter, NSB, Nazis, Amsterdam,

Met dank aan mijn vriendin Petra voor haar geweldige hulp!

Een *Tsur Tsina* Produktie

Druk: PRINTIV, Jeruzalem, Israël.

Ter nagedachtenis van mijn vader, Jan van Hulst

(1903-1975)

Mama zag drie paar blote voeten onder de gordijnen uitsteken. "Oorlog!" schreeuwde ze. "Weg van het raam!"

10 mei 1940

We werden wakker van 't lawaai. Dwars door de slaapkamergordijnen zagen we oranje en gele strepen en ballen die knallend door de hemel suisden. Het leek wel of boven onze hoofden feest werd gevierd met fanfare en vuurwerk zoals op de verjaardag van Koningin Wilhelmina. Wat wonderlijk zo midden in de nacht!

Myriam sloop op haar tenen naar het raam en verdween achter het gordijn. "Moet je nou eens zien," riep ze verrast uit. Even later drukten we alle drie onze neuzen plat tegen de ruit. Met stomheid geslagen zagen we hoe vliegtuigen in de opkomende dageraad op elkaar afstormden en roodgloeiende ballen met lange staarten van rook op elkaar afschoten om daarna met een knal uit elkaar te barsten.

Zoals de zwarte slaaf in Myriams geschiedenisboek dook naar het geldstuk dat zijn blanke meester in een draaikolk had gegooid, zo tuimelde er een vliegtuig in volle vaart op Amstelveen af. En nog een! En nog een! Zoiets opwindends hadden we nog nooit gezien.

Mama stormde de slaapkamer binnen en zag drie paar blote voeten onder de gordijnen uitsteken. "Oorlog!" schreeuwde ze. " Weg van het raam."

We hadden natuurlijk over Hitler horen praten en Papa was al een hele tijd in reservedienst, maar het leven zonder hem was in zekere zin nog gezelliger dan voorheen. Iedere avond draaide Mama papillotten in mijn haar zodat ik overdag wat meer op mijn krullekoppen van zusjes zou lijken, en terwijl ze dat deed moest ik hardop voorlezen in het Frans want Mama kwam uit België en Frans was haar moedertaal. Papa was goed in talen en deed graag mee.

Iedere ochtend trok Mama ons drie eendere jurken aan alsof we drie levensgrote poppen waren die onder haar toezicht vadertje-moedertje speelden met onze eigen poppen.

Met Mama eendjes voeren in het park

Net als Mama hadden we elk drie meisjespoppen, maar in tegenstelling tot Mama had elk van ons ook een babypop. We wisten dat onze baby's jongens waren omdat ze slobbroekjes droegen die Mama voor ze had gebreid van roze wol. Roze omdat ze een voorstander was van vrije keus en niet van plan was te zwichten voor het vooroordeel dat jongens blauw moesten dragen en meisjes roze.

Zelf was ze dol op blauw. Ze kocht dan ook meestal blauwe jurken voor ons in een winkel die *Baby House* heette, en liet speciaal grote maten voor ons naaien, ook toen we al lang geen baby's meer waren. Zelf droeg ze ook het liefst blauw en ze was zo klein dat mensen die achter ons liepen als we op zondag met onze poppenwagens door het park paradeerden, vaak dachten dat we vier zusjes waren die in het zonnetje de eendjes voerden.

Maar op vrijdag, 10 Mei 1940, ontpopte ons vrolijke speelkameraadje van weleer zich tot een autoriteit in zaken van oorlog. Was ze niet, bij het uitbreken van de Eerste Wereldoorlog van Antwerpen naar Amsterdam gevlucht met een kussensloop vol potten en pannen over haar schouder geslagen? Waren gebouwen niet voor haar ogen in elkaar gestort en ruiten versplinterd?

"Allereerst," zei ze, "moeten we de ramen van plakband voorzien. Anders barsten ze door de luchtdruk."

Het bleek echter dat we geen centimeter plakband in huis hadden. "Daarom niet getreurd," zei Mama. "Dan gaan we met oude kranten, schaar en lijm aan de gang."
Het werd een feest van jewelste.

Naar Alkmaar

Om een uur of tien belde Papa op uit Alkmaar waar zijn regiment lag.

"Paula," zei hij, "neem een taxi en kom hier met de meisjes. Ik wil jullie omhelzen voor ik naar het front word gestuurd." Hij gaf het adres van een school in Alkmaar en spoorde ons aan om haast te maken. Mama belde het ene taxistation na het andere, maar had de grootste moeite een chauffeur te vinden die bereid was ons heen en weer naar

In onze achtertuin, voordat Papa vertrok.

Alkmaar te rijden. Weliswaar werd er niet langer boven onze hoofden geschoten maar niemand wist wanneer en waar er gevechten konden uitbreken, en of het mogelijk zou zijn naar Amstelveen terug te keren als we ons huis eenmaal hadden verlaten. De meeste mensen bleven liever thuis. Degenen die vrienden in Engeland hadden en de middelen er te komen verlieten hun huis, misschien om nooit terug te keren. Niemand had zin om het land te doorkruisen gewoon omdat een romantische soldaat zijn vrouw en kinderen wilde omhelzen.

Toen Mama eindelijk een chauffeur had gevonden die bereid was de rit naar Alkmaar te ondernemen, eiste hij zoveel geld dat we kostbare tijd moesten verspillen om van de ene kennis naar de andere te rijden en te lenen wat elk van hen kon missen. Op aanraden van Myriam propten Alexandra en ik onze jaszakken vol met zakdoeken voor het geval we onderweg zouden moeten huilen. Bovendien nam Myriam een lege portemonnee mee en ik een po om in te spugen, want ik had net kinkhoest gehad en moest nog veel hoesten. Arme Alexandra huilde tranen met tuiten omdat ze niets extra's had kunnen bedenken om mee te nemen.

Laat in de middag bereikten we Alkmaar en de school die Papa had genoemd. Hij stond bij het hek naar ons uit te kijken. We vielen in zijn armen en werden één grote omhelzende, zoenende, menselijke knoop. Na een tijdje zei de chauffeur streng dat hij nu terug wilde naar huis en dat we dus in de taxi moesten stappen. Maar onze lange Papa en onze kleine Mama waren niet te ontknopen. Bovendien waren ze er geen van beiden toe bereid Myriam, Alexandra en mij los te laten.

"Rij maar weg," zei een van de vijf hoofden van de menselijke warboel tegen de chauffeur. Wij blijven bij elkaar."
Even later klonk het appèl voor de soldaten. Papa trok z'n ledematen bij elkaar en sprong over het hek. Zwaaiend met armen en benen verdween hij achter het schoolgebouw. Wij viertjes kropen zo mogelijk nog dichter bij elkaar en wachtten af wat er zou gebeuren.

"Als er ooit een goeie reden was om Sjabbeskaarsen aan te steken, dan is het nu", zei Mama. Ze legde niet uit wat Sjabbes betekende en stak ook geen kaarsen aan. Al gauw kwam Papa terug met fantastisch nieuws. Zijn regiment zou die nacht niet naar het front vertrekken zoals eerder was aangekondigd. Mama huilde stilletjes. Was het van geluk om het onverwachte uitstel of van de zorgen omdat ze niet wist waar we die nacht zouden slapen?

In het klooster

Papa was een tovenaar. Hij kon raden hoeveel lucifers er in een doosje zaten en hij kon het alfabet van achteren naar voren opzeggen. Op partijtjes verbaasde hij onze vriendinnen door eieren in pingpongballen om te toveren en pingpongballen in eieren. Toen hij zag hoe koud en moe zijn vrouwtjes waren, kondigde hij aan dat hij de hele familie onverwijld in een warme slaapkamer zou hocuspocussen als we ophielden met piekeren.

Naast de school stond een nonnenklooster. Hoewel de luiken al gesloten waren voor de nacht, belde Papa aan. Een oog gluurde door een spiekgaatje in de deur. Papa glimlachte. Een non deed open en Papa sprak haar aan.

Na een paar minuten leidde de non ons door een lange, donkere gang naar een kamer met twee bedden.

We gingen twee aan twee in een bed liggen en de non wachtte geduldig bij de deur tot Papa ons alle vier had ingestopt en bij Mama net zo lang was blijven treuzelen als hij durfde.

Aangezien Papa elke dag naar het front kon worden gestuurd, kocht hij de volgende dag het aller nodigste voor ons en vroeg hij aan de nonnen of we in het klooster konden blijven logeren. Dat mocht als we tijdens luchtalarm maar naar de gemeenschappelijke hal kwamen. Daar mompelden de nonnen evenveel *Ave Maria*'s als er kralen aan hun rozenkrans zaten. De moeder overste vroeg of we alsjeblieft mee wilden bidden. Mama knikte instemmend maar fluisterde ons in het oor dat we dat niet moesten doen omdat we niet in Jezus geloofden (alhoewel hij aan een enorm houten kruis boven ons hoofd hing) maar dat het een geheim was en dat we daarom onze ogen moesten sluiten, onze handen moesten vouwen en onze lippen moesten bewegen terwijl we hard aan iets anders dachten.

"Aan wat dan, Mama?"

"Maakt niet uit. Bedenk maar een sprookje."

Dinsdagavond mocht Papa even onze kamer in om afscheid te nemen. Zijn regiment maakte zich gereed om te vertrekken en hij zou de bus chaufferen. Niet dat hij ooit eerder een bus had gechauffeerd, maar zijn medesoldaten konden niet eens een gewone auto rijden.

Mama, die ons onder normale omstandigheden geen minuut uit haar ogen liet, vroeg aan een jonge non om een oogje op ons te houden en verliet het klooster om Papa uit te wuiven. Kort na middernacht wekte ze ons met tranen van vreugde. Nederland had zich overgegeven en Papa zou voor altijd bij ons blijven. Wat mijn zusjes en mij betrof was de oorlog voorbij.

Een Joodse schildpad

Papa moest in Alkmaar blijven tot na de demobilisatie, maar de rest van het gezin keerde naar Amstelveen terug. Mama bracht ons elke dag naar school uit angst dat we anders madeliefjes zouden gaan plukken in de weilanden waar bonte koeien stonden te knikkebollen in de zon, en dat die koeien ons dan zouden bijten. Of erger nog, dat we van de dijk zouden rollen en in het kanaal terecht komen, dat mysterieuze zwarte water van mijn kindertijd, waar baggeraars in oliepakken en kaplaarzen onophoudelijk bergen stinkende modder op platte boten laadden. Waar kwam al dat prut vandaan, en waar moest het heen? Elke keer dat ik het aan Mama vroeg zei ze dat ik door moest lopen vanwege de stank, maar ik deed net als de vrouw van Lot uit onze geïllustreerde kinderbijbel. Ik draaide me om en ademde de scherpe lucht van bederf in tot ik er duizelig van werd.

Op een dag nam ik mijn schildpad Zarathustra mee naar school. De volgende dag bracht Lotte, die de koningin van de klas was, ook haar schildpad mee. Ik had nooit geweten dat Zarathustra Joods was als Lotte het me niet had uitgelegd.

"Als je twee knikkers hebt of twee bloemen, of twee schildpadden, en de ene ziet er anders uit, dan is dat de Jood." We vergeleken onze schildpadden en zagen duidelijk dat ze niet identiek waren, maar welke was nu de Joodse?

"Hoe kun je het weten?" vroeg ik aan Lotte.

"Vraag maar aan Jezus," zei ze.

Ik schrok. "Dat kan ik niet doen. Mijn moeder zegt dat we niet in hem geloven."

"Wat? Hebben jullie geen boom in huis voor zijn ver-

jaardag ieder jaar, als het kerstmannetje komt met alle cadeaus? Maar dan ben je zelf misschien wel joods. Wat vreselijk!"

We gingen naar de WC en vergeleken onze gezichten in de spiegel.

"Daar heb je het al," zei Lotte. Ze trok haar neus op en tikte op het puntje. "Jij ziet er anders uit. Jij bent een Jood."

Zondagschool

Ik besloot om thuis niets te zeggen voordat Papa terug was uit Alkmaar. Toen dat eenmaal het geval was wierp ik mijn gloednieuwe kennis pardoes op tafel: "Myriam is een Jood!"

Papa en Mama legden hun vorken neer, keken elkaar aan en spraken Duits, een onuitstaanbare gewoonte die ze hadden als ze dingen bespraken die ze voor ons geheim wilden houden. Om duidelijk te maken dat ik heel goed wist waar ze het over hadden, trok ik mijn neus op en tikte op het puntje. "Lotte zegt dat degene die er anders uitziet de Jood is. Alexandra en ik hebben pijpenkrullen maar Myriam heeft kroeshaar. En ze draagt een bril. Dus zij is de Jood. Als jullie het niet geloven, vraag het dan maar aan Jezus!"

"Lariekoek!" barstte Papa uit. "Er is geen verschil tussen Joden en niet-Joden. Er is alleen verschil tussen goede en slechte mensen."

"En zit me niet te Jezussen in mijn eigen huis," voegde Mama er dreigend aan toe.

"Ik zit je niet te Jezussen," stribbelde ik tegen. "Ik zeg alleen dat we in 't vervolg beter een boom in huis kunnen halen als hij jarig is, anders zijn we straks allemaal Joden, of jullie dat nu leuk vinden of niet."

"Hannah heeft gelijk," zei Papa. "We moeten vooral geen aandacht trekken. Laten we de meisjes maar op Zondagschool doen. En we moeten ook geen Frans meer praten op straat. Dat brengt de mensen maar aan het denken."

Wat het een met het ander te maken had was een raadsel, maar we kwamen op die dag wel te weten dat Mama een Jodin was, wat op zichzelf niet verboden was maar dat het een geheim was omdat de Duitsers, die intussen moffen heetten, haar anders wel eens dood zouden willen schieten. En daarom mochten we nu naar Zondagschool net als alle andere kinderen in de klas.

"Maar," zei Mama, "je moet niet geloven wat de dominee vertelt."

De dominee heette mevrouw Modderman. Ze componeerde liedjes en begeleidde zichzelf op de luit. Ze vertelde ons over de Heere Jezus en deelde foto's uit van hem als baby en als jonge man. Op één foto leek hij precies op mijn babypop, Robbie, en op een andere droeg hij zijn haar net als Lotte met wie ik al gauw wedijverde om de titel van ijverigste leerling op Zondagschool.

Op de fiets naar Den Haag

Opeens vaardigden de Duitsers het bevel uit dat alle Joden een gele ster op hun kleren moesten naaien. Mama, die zo'n ster droeg, zei dat we wel weer van Zondagschool afkonden, omdat iedereen het geheim nu toch al wist, maar Papa zei dat we mochten blijven omdat hij van plan was Mama te ontsterren door haar te ontjoodsen.

Papa had een lange leren jas. Ik haatte die jas omdat hij aanvoelde als een muur tussen onze lichamen als Papa me 's morgens omhelsde voor hij de deur uitging.

Jaren later werd ons duidelijk dat hij niet altijd naar kantoor was gegaan, maar dat hij vaak op zijn fiets met houten banden helemaal van Amsterdam naar Den Haag was gereden, en dat hij de leren jas niet alleen tegen de kou droeg maar ook omdat hij de indruk wilde wekken goede maatjes te zijn met de Duitsers bij wie lange leren jassen in de mode waren. Gehuld in die leren jas en met een bijpassend hoofddeksel groette hij zijn zogenaamde kameraden onderweg met de NSB groet "Houzee" en de bewakers van Seyss-Inquart's hoofdkwartier met "Heil Hitler".

Wat hij daar deed, in het hoofdkwartier? Niet veel meer dan gebruik maken van het toilet, in de kantine rondhangen met een kop surrogaat koffie of een Duitse krant, in vloeiend Duits converseren met de officieren die daar eveneens hun tijd verdeden, het weer en de verdomde Joden vervloeken, of de lof uithangen van degenen die zich opofferden uit liefde voor de Führer.

Papa op de fiets.
"Houzee!"

Hij deelde sigaretten rond die hij speciaal voor dat doel op de zwarte markt had gekocht en zorgde er voor een graag geziene figuur in het gebouw te zijn. Geen mens wist wat zijn werk precies was, maar niemand twijfelde eraan dat hij uitermate belangrijk was.

Joods of niet Joods?

Op een nacht haalden de Duitsers Mama's moeder, zuster en tante op. Papa haastte zich naar de befaamde Hollandse Schouwburg waar de dames voorlopig gevangen werden gehouden. Hij slaagde erin de Duitsers ervan te overtuigen dat hier sprake was van een noodlottige vergissing. De oude mevrouw Horowitz was katholiek, vertelde hij hen. Ze was aan het begin van de Eerste Wereldoorlog uit België verbannen omdat haar man een Oostenrijks paspoort had. Klaarblijkelijk had een ambtenaar van de Nederlandse burgerlijke stand haar in de verwarring als Jodin geregistreerd zonder dat ze daar erg in had gehad.

"Natuurlijk zijn we jullie dankbaar dat je ons land van de Joden ontdoet," zei Papa met een knipoog, "maar jullie willen toch geen Ariërs het hoekje om helpen. Dat zou moord zijn!"

Als Papa zijn stelling kon bewijzen zouden de Horowitz kinderen automatisch verheven worden tot de gezegende staat van half-Joden, wat in die tijd gelijk stond aan 'onschuldig'. Mama's moeder en zuster werden voorwaardelijk naar huis gestuurd. Om zijn bewering kracht bij te zetten verhaalde Papa zich op een pseudowetenschap die in de jaren dertig in Duitsland het licht had gezien en daar al gauw populair was geworden. De thesis bestond er uit dat de inferieure kwaliteiten van bepaalde volkeren, waaronder de Joden en de Zigeuners, aan uiterlijke kenmerken waren af te lezen. Het lukte hem zelfs contact te maken met een aankomende antropoloog, Dr. Arie de Froe, die bereid was Papa's spelletje mee te spelen en (natuurlijk tegen beter weten in) de thesis bevestigde.

Emmy Andriesse nam foto's van Mama vanuit een invalshoek die haar langer en blonder deden voorkomen dan ze werkelijk was.

"Oordeel nu zelf," zei Papa tegen de hoge pieten in Den Haag. "Kan een dame met dit

edele voorhoofd meer Joods bloed in haar aderen hebben dan hooguit vijftig procent?"
Het resultaat van Papa's list was dat Mama de gele ster van haar jas tornde en hem er nooit meer op terug naaide.

De enige die ongelukkigerwijs door de mazen van Papa's list slipte was mijn grootvaders zuster Zina, de weduwe van de toenmaals bekende Joodse suikermagnaat en miljonair, David Zaitsoff. Oudtante Zina was een heel ongelukkige vrouw die nooit van haar man had gehouden. Tijdens de Russische revolutie was het echtpaar van Kiev naar Berlijn gevlucht met hun dochter Helena en hun zoon Salomon. Salomon kreeg tuberculose en stierf op jonge leeftijd.

Toen Helena vervolgens met een niet-Joodse bruidegom thuis kwam, dreigde haar vader zelfmoord te plegen als ze met hem trouwde. Helena zwichtte voor haar vaders wil maar zwoer dat ze hem zou straffen door nooit te trouwen en hem geen nageslacht te schenken. Ze keerde terug naar Rusland, werd een hoogstaande Bolsjewiek en verbrak alle banden met haar familie. Jaren na de dood van David Zaitsoff bracht een man uit Zwitserland het mondelinge bericht dat Helena haar 'belofte' had gehouden. "Ik heb mijn zoon niet voor de dood kunnen behoeden," placht oudtante Zina te zuchten. "En ik heb mijn dochter niet kunnen laten leven."

Nooit zal ik de blik in de ogen van Papa vergeten toen hij een wollen deken en het blikken eetgerei uit zijn padvindersdagen in een plunjezak pakte en naar het Centraal Station in Amsterdam ging om van onze eenentachtigjarige oudtante afscheid te nemen. Volgens het archief van Yad Vashem stierf oudtante Zina in Auschwitz op 12 Februari 1943. Volgens ooggetuigen stierf ze al in de trein op weg daarheen.

Papa had een speciale band met oudtante Zina

Ontsterringslisten

Papa's onvermogen om mijn moeders tante te redden had zijn zelfvertrouwen danig ondermijnd, maar hij had geen tijd om te rouwen om één Jodin terwijl er zo veel anderen dringend om zijn hulp verlegen waren. Hoe meer Joden hij ontsterde, hoe geraffineerder zijn methodes werden. Zolang de oorlog duurde vertelde hij niemand wat voor poetsen hij de Duitsers bakte en na de oorlog kregen we alleen maar een paar van zijn streken te horen, zoals bijvoorbeeld hoe hij Emmy Andriesse van een nieuwe identiteit voorzag.

Onder voorwendsel van een medische check-up maakte hij een afspraak met een oude arts die zelf van Duitse afkomst was en al net zo'n pietje precies als de vijand zelf. Na het onderzoek spraken ze van man tot man over het weer en de goede oude tijd toen mensen nog een professioneel geweten hadden. In een atmosfeer geladen met nostalgie vroeg Papa: "Is het waar dat u nooit oude dossiers weggooit?"

De dokter stak zijn duimen in zijn oksels en antwoordde trots: "Kom maar eens mee, jongeman. Dan laat ik je wat zien." Hij ging Papa voor naar de kelder en zei: "Ziet u die

archieven daar? Daarin staan de gegevens van iedere patiënt die ooit bij mij op spreekuur is geweest. Maar wie geeft er vandaag nog een moer om geschiedenis? Binnenkort eindigt mijn levenswerk op de vuilnishoop net als al het andere in dit vermaledijde landje."
Papa bewonderde de keurig ingebonden dossiers, betaalde voor de consultatie en vertrok met in zijn aktetas een dossier dat hij zorgvuldig had gekozen om het jaartal op de rug van het kaft.

In de oorlog was niet alleen voedsel maar ook gas op rantsoen. Men kreeg gas door munten in een meter te laten glijden. De gasmeters stonden altijd in de kelder. Een paar dagen na zijn bezoek aan de dokter, verkleedde Papa zich als de man die de muntjes kwam ophalen en belde hij weer aan op het adres van de dokter. Zo lukte het hem om het ontvreemde dossier op zijn oorspronkelijke plaats terug te zetten. Op de relevante pagina had hij in het handschrift van de dokter en in verkleurde blauwe inkt ingelast dat Emmy's vader, als gevolg van de bof, zijn viriliteit had verloren.

Het bewijs dat de oude meneer Andriesse onmogelijk Emmy's vader kon zijn was natuurlijk niet meer dan de helft van het argument dat Emmy maar half Joods was. Nu moest er nog worden vastgesteld dat haar biologische vader een rasechte Ariër was. Om dat te presteren stal Papa een verjaard dossier in een obscuur hotel in Venlo en voegde daarin de namen toe van twee gasten die daar negen maanden voor Emmy's geboorte een nacht zouden hebben doorgebracht. De gasten waren Emmy's moeder en een man wiens achternaam geen twijfel liet aan diens Arische afkomst.

Hoe ontdekten de Duitsers al die valse gegevens? Wie zette ze op het spoor naar de oude Duitse dokter en naar Vaals? Lachten ze zich (misschien wel samen met Papa) een ongeluk om de oude meneer Andriesse, die vuile Jood, die door zijn vrouw zo slim was bedrogen met een rasechte Ariër? Ik weet niet meer dan mijn lezers....

Wel weet ik dat Papa na de oorlog bij dit soort vragen zijn schouders optrok en zei: "Niet alle Duitsers waren van nature moordenaars. Sommigen hadden niets tegen Joden. Die keken maar al te graag de andere kant uit als er eentje voorbij kwam en hielden op die manier hun handen schoon. Maar er waren spelregels en die moest je in acht nemen: alles moest er zo echt mogelijk uitzien. Je moest nooit laten merken dat je mekaar wel doorhad."

Oom Arie de Froe

Vanaf de dag dat Mama officieel was ontjoodst werd ons huis een schuilplaats voor Joden die het minder goed hadden getroffen. Vaak bleken we aan het ontbijt gasten te hebben. Of we ze eerder hadden ontmoet of niet, of ze oud waren of jong, aardig of onaardig, ze heetten altijd alleen maar Oom of Tante.

Eén gast, die nu eens niet Joods was, sliep regelmatig bij ons. Dat was Papa's nieuwe vriend, Oom Arie de Froe, met zijn indrukwekkende verzameling valse tanden, haarbosjes en glazen ogen. Hij liep voortdurend achter de andere ooms en tantes aan met instrumenten die hij in alle richtingen boog om er het menselijke lichaam mee te meten, en bracht uren door met het optellen en aftrekken van getallen waarvan hij volhield dat ze de kenmerken van Joden voorstelden. Joden, zo deelde hij ons mee, werden voorheen hoofdzakelijk herkend aan hun neuzen en oren. Maar dat was verre van wetenschappelijk. Voor betrouwbare resultaten was het nodig om de tint van Joodse ogen, haren en nagels te vergelijken met

Oom Arie de Froe

Dr. A. DE FROE
KEIZER KARELWEG 345

NIEUWER AMSTEL, 21 Maart 1943.

Ondergeteekenden,Prof.Dr.C.U.Ariëns Kappers en Dr.A.de Froe,arts,anthropoloog, docent aan de Universiteit van Amsterdam en directeur van de Stichting voor het Bevolkingsonderzoek verklaren hierbij dat zij,na zorgvuldige identificatie van de persoon,een uitvoerig anthropologisch onderzoek hebben verricht bij Mevrouw Pauline van Hulst-Horowitz,geboren 20 November 1899 te Antwerpen,thans wonende te Amsterdam Zuid(Gemeente Nieuwer Amstel).

Het onderzoek werd op de gebruikelijke wijze verricht en beoordeeld en betrof het rasuiterlijk en de raskenmerken van de onderzochte.

Uit het onderzoek bleek dat Mevrouw van Hulst geen joodsche kenmerken vertoont en ook over het algemeen geen joodsch uiterlijk heeft.Ook het onderzoek van de belangrijkste kenmerken bij haar echtgenoot en haar drie dochtertjes maakt een joodsche invloed bij haar antecedenten onwaarschijnlijk.

Minst genomen moet dus bij haar voorgeslacht een zeer aanzienlijke niet-joodsche invloed worden aangenomen,zoodat haar verklaringen omtrent een niet-joodsche Moeder en een slechts gedeeltelijk joodsche Vader niet betwijfeld behoeven te worden.

C. U. Ariëns Kappers

J. de Froe

elkaar en met Oom Aries' tabellen. Zo waren er getallen die de minimum en maximum lengte aanduidden van Joodse oren, oogharen en tenen. Om met zekerheid vast te stellen dat iemand Joods was moest je toch op z'n minst het aantal poriën per vierkante centimeter van zijn of haar huid hebben vastgesteld. Ook de afstand van navel tot kin en van nekwervel tot staartbeen waren van belang. En al die gegevens moest je vergelijken met elkaar en met die van andere Joden en niet-Joden. De methode was systematisch en honderd procent betrouwbaar. De Nazi's hadden zich geen betere manier kunnen wensen om het kaf van het koren te scheiden.

Mijn zusjes en ik begrepen weliswaar niet altijd wat Oom Arie probeerde te bewijzen maar we ontdekten al gauw dat de uitslag van zijn berekeningen er altijd toe leidden dat Papa zijn leren jas aantrok en op zijn fiets klom.

"Kijk nou toch eens naar de gegevens van meneer Zo-en -zo," zei hij dan tegen de Duitsers in Den Haag. "Volgens de antropologische bevindingen van Dokter de Froe kan meneer Zo-en-zo onmogelijk meer dan twaalf-en-een-half procent Joods bloed in zijn aderen hebben, waarschijnlijk zelfs maar zes-en-een-kwart. Zouden jullie dat niet nader moeten onderzoeken?"

En de Duitsers waren maar al te blij dat er weer werk aan de winkel was. Zolang ze bezig waren de Joden van de Ariërs te scheiden konden ze immers in Nederland blijven waar hun levens veilig en hun magen gevuld waren. Als er in Nederland geen werk meer voor ze zou zijn, werden ze naar het Oostfront gestuurd en daarvandaan kwamen er niet veel levend terug. Dus ze zochten naar bewijzen, deden invallen in ziekenhuizen en hotels, gingen op zoek naar oude dossiers en stelden zelfs extra manschappen aan om alles te ontcijferen en te vertalen wat ooit al of niet te goeder trouw over meneer Zo-en-zo en zijn voorouders tot in het derde of vierde geslacht was gezegd of geschreven. En waarachtig, hoe meer raadsels ze oplosten, hoe duidelijker het hen werd dat individuen die uit pure onwetendheid jarenlang voor Joden waren aangezien, in realiteit grote hoeveelheden superieur Arisch bloed in hun aderen hadden. Voor de Duitsers was Oom Arie een autoriteit en Papa een noodzaak.

Schuilhok

Hoewel Papa altijd probeerde veiligere onderduikadressen te vinden dan hijzelf kon bieden, had hij soms zoveel Joden onder zijn hoede dat sommigen tijdelijk bij ons op zolder moesten bivakkeren. We hadden dringend een schuilplaats nodig.

Plannen maken voor een dubbele muur was gauw gebeurd, maar hoe kregen we veertien vierkante meter baksteen het huis in zonder de aandacht van de buren te trekken? Onze tovenaar wist daar het antwoord op. Twee maal per dag wandelden drie onschuldige meisjes van school naar huis. Twee maal per dag maakten we een kleine omweg door het speelweitje om bloemen te plukken. Twee maal per dag vonden we elk een mooie rode baksteen die tussen de dode bladeren onder de rozenboompjes op ons lag te wachten. We stopten nooit een baksteen in onze schooltassen als er iemand in de buurt was. We ontmoetten nooit de mysterieuze baksteenbezorger en ik weet zelfs vandaag nog niet wie het was. Ik heb geen idee hoe cement het huis in werd gesmokkeld evenals de lange houten planken die uiteindelijk een kast werden waarachter de ingang naar onze geheime schuilplaats zich verstopte.

Wat ik me goed herinner is dat vlak voor de nieuwe kast, tussen de vloer van de zolder en het plafond van Papa's werkkamer een tweede schuilplaats werd gebouwd. Het luik dat daarheen voerde was onzichtbaar genoeg om overtuigend te zijn maar zichtbaar genoeg om ontdekt te worden. In deze op een na beste schuilplaats bewaarde Papa chocoladerepen, sigaretten en cognac om de harten van mogelijke vinders te verzachten. Daar bewaarde hij ook een lijst van niet bestaande adressen die geen ander doel hadden dan de vijand op tijdrovende dode sporen te leiden.

Jezus

Op een middag spiekte ik bij een proefwerk. Voor straf moest ik nablijven. Zo kwam het dat ik zonder mijn zusjes langs de dijk naar huis wandelde. De weilanden waren ondergelopen en de koeien waren opgegeten door de Duitsers. De baggeraars in geoliede kleren waren hetzij dood hetzij bezig loopgraven te graven in Duitsland. Twee mannen liepen over de brug. Een van hen viel op de grond. De andere, een Duitse soldaat, draaide hem om met zijn laars en mompelde "*Tot*". Daarna liep hij weg.

Ik weifelde even maar kon het niet laten om snel de

brug op te lopen en naar de dode man te kijken. Op zijn jas zag ik een gele ster. Ik wist dat ik op moest schieten maar ik wilde die man niet zomaar in zijn eentje laten liggen zonder hem een klein blijk van sympathie te geven. Ik zocht in mijn zakken en vond een halve boterham die ik voor later had bewaard. Ik legde mijn gift op de gele ster en holde zo hard mogelijk weg. Aan het einde van de dijk keek ik zoals gewoonlijk achterom. Een vogel pikte van het brood op de borst van de dode man. De Duitser stond er niet ver vandaan. Hij hief zijn geweer, schoot op de vogel en miste. De vogel vloog op en cirkelde boven de dijk onder het uiten van hartverscheurende kreten: "Jood, Jood...."

Zoals altijd liep ik door het speelweitje naar huis. Toen ik onder het bosje bukte om mijn baksteen te zoeken, viel er een straal van de ondergaande zon op mijn hand. Ik keek op om te zien waar hij vandaan kwam en zag, staande op een tak, rood en goud temidden van de vlammende herfstbladeren, Jezus. Hij was nog knapper dan op de fotootjes die ik onder mijn kussen bewaarde. Hij droeg een geborduurde jurk en strekte beide armen met de handpalmen naar beneden alsof hij een dubbele 'Heil Hitler' salueerde.

"Jij bent het dapperste meisje dat ik ken," zei Jezus en

Toen ik onder het bosje bukte om mijn baksteen te zoeken, viel er een straal van de ondergaande zon op mijn hand.

gouden druppels regenden van zijn vingertoppen. Zijn stem klonk als de luit van Dominee Modderman. "Jij hebt je boterham aan de dode man op de brug gegeven en je bent niet bang om alleen door de speelwei te lopen en een baksteen naar huis te dragen voor jullie geheime schuilplaats."

Ik schrok me een mikmak maar Jezus vervolgde: "Ik heb jou gekozen om onder de Joden bekend te maken dat er een betere oplossing voor hun probleem bestaat dan zich te verstoppen. Als ze allemaal in mij geloven hoeven ze geen gele sterren meer op hun jassen te naaien en dan weten de Duitsers het verschil niet meer tussen Joden en gewone mensen. Ga de wereld in en verspreid het goede nieuws: Er is een koning geboren op aarde."

Dat over die koning vond ik wel een beetje overdreven. Aan de andere kant moest ik toegeven dat zelfs Papa niet alle Joden in een klap kon redden. Iemand die dat wel kon mocht misschien wel een beetje opscheppen. En goed beschouwd had Jezus natuurlijk gelijk: het was veel handiger om een paar zinnetjes te verkondigen dan om dagelijks bakstenen naar huis te slepen. Het probleem was dat ik niet aan Mama wilde vertellen dat ik naar de vleierijen van een vreemdeling had geluisterd. Spieken bij een proefwerk was al erg genoeg. Bovendien zou Mama nooit geloven dat

Jezus al die dingen had gezegd. Ze geloofde niet eens dat hij bestond. Heel anders dan Dominee Modderman. Die kon je alles wijsmaken. Die zou me zeker niet uitlachen als ze hoorde dat de Heere, zoals zij hem noemde, zijn evenwicht kon bewaren op de tak van een boom. Volgens haar kon hij nog wel moeilijkere dingen doen, bij voorbeeld mensen uit de dood laten opstaan, al gaf ze toe dat ze het hem nooit met eigen ogen had zien doen. Maar als ze me vroeg wat ik tegen zonsondergang in mijn eentje in het park had gedaan, wat moest ik dan zeggen? Het allerbelangrijkste was toch om nooit ons geheim te verklappen.

Zonder iemand iets te vertellen dacht ik na over hoe ik Jezus kon helpen zijn plan ten uitvoer te brengen. Er kwamen heel wat ideeën bij me op. Allemaal onuitvoerbaar. Maar Jezus bleef verschijnen, soms in het donker van de nacht als Myriam en Alexandra sliepen, soms bij klaarlichte dag, op een wolk of op het aanrecht in de keuken.

Weken gingen voorbij zonder dat ik ook maar iets deed. Ik dacht dat hij woedend op me zou zijn maar dat was niet zo. Hij bleef me aansporen om voort te maken.

"Hoe langer je wacht, hoe meer Joden er door de Duitsers zullen worden opgepakt," zei hij treurig en hoewel hij er met geen woord over sprak wist ik dat ik de brandstapel verdiende, net als Jeanne d'Arc op die foto die we van Dominee Modderman hadden gekregen. Toen niemand me strafte besloot ik het zelf te doen door mijn schrift met foto's van Jezus aan Lotte te geven met wie ik bijna dagelijks de grootste ruzies en de onstuimigste verzoeningen had. Nog voor ik een woord had gezegd had ze het schrift al uit mijn handen gegrist en veilig in haar bijbel gelegd om onmiddellijk daarop haar ogen half toe te knijpen en als een slang in mijn oor te sissen: "Ik weet waarom je ze niet meer wilt. Je bent een Jood. Heb ik het niet gezegd?

Kerstpartijtje

Ik kon er niet van slapen. Ik kon er niet van eten. Ik probeerde Jezus tevoorschijn te roepen door op mijn blote knieën op de ijskoude badkamervloer te knielen en aan een kralen ketting te friemelen zoals ik de nonnen in Alkmaar had zien doen. Het hielp geen zier. In December bedacht ik dat de Duitsers Lotte waarschijnlijk als spion hadden aangesteld en dat ze binnenkort ons hele gezin met onderduikers en al zou verraden. Om haar plannen te verijdelen eiste ik dat we Kerst zouden vieren. Mama zei "Nee". Ik stampte niet met mijn voet. Ik verhief mijn stem niet. Het enige wat ik deed was opkomen voor mijn rechten als Jood, Christen en mens, door op Zondagschool bekend te maken dat ik de kerstman had ontmoet en dat hij had beloofd cadeaus te zullen brengen aan ieder die op mijn partijtje kwam. Dominee Modderman zei dat ze niet zou komen maar dat ze mij haar liedjesboek wel wilde lenen zodat ik het feest met mijn viool kon opluisteren. Ik studeerde hard op 'Stille nacht, heilige nacht', liefst voor het open raam zodat de buren mij goed konden horen. De onderduikers klaagden steen en been, en hoe meer ze klaagden hoe luider ik speelde. Ze moesten eens weten dat het allemaal was om hen voor verraad te beschermen door de verraadster zelf in het hol van de leeuw te lokken. Noch Lotte noch wie dan ook van de gasten zou vermoeden dat slechts een enkel plafond van ons vandaan Joden, zo echt dat zelfs Papa ze niet kon ontjoodsen, hun adem op straffe des doods zaten in te houden. Ik bedacht zelfs een spel waarbij de deelnemers met een bezemsteel tegen het plafond moesten bonzen. Terwijl boven de spanning bijna ondragelijk werd, zou Lotte haar kerstcadeau uit mijn handen ontvangen, want niemand van ons geloofde meer in sprookjes, dus zou ik zelf als kerstman optreden, gehuld in Papa's purperen peignoir, met aan mijn kin wat plukjes watten en op mijn hoofd Mama's rood en wit geblokte theemuts.

Ik had gezegd dat de kerstman voor iedereen een cadeau mee zou brengen en moest hem natuurlijk aan zijn woord houden. Twaalf meisjes hadden beloofd te zullen komen. Samen met mijn eigen zusjes en ouders waren dat zestien gasten. Zestien cadeaus? Wat was ik begonnen! Van pure schrik raakte ik in een euforie van creativiteit. Ik keerde mijn spaarpot om en gaf mijn hele fortuin uit aan gekleurde draden, verf en kralen voor zover dat soort luxeartikelen nog te krijgen was. Iedere middag maakte ik mijn huiswerk zo snel mogelijk af om me onmiddellijk daarna in Papa's werkkamer op te sluiten. Ik plakte prentbriefkaarten op stukjes triplex en zaagde ze tot puzzels. Ik boorde gaatjes in mijn mooiste schelpen en reeg ze tot kettingen. Ik tekende felicitatiekaarten en borduurde initialen op gebruikte maar nog presentabele zakdoeken. Soms kwam Papa zijn kamer in. Hij vroeg niet wat ik deed maar wees me hoe ik de boor beter kon vasthouden of hielp me met het sturen van de figuurzaag. Toen ik mijn laatste zaagje brak gaf hij me een kwartje om een heel nieuw pak te kopen.

Ik raadpleegde hem ook over het programma. Er waren allang geen eieren meer, dus kon hij zijn truc met de ping-

pongballen niet vertonen, maar hij beloofde het aantal lucifers in een doosje te raden en hielp me een lang gedicht te schrijven dat ik zou voordragen bij het overhandigen van de cadeaus.

Het grootste probleem was de kerstboom. Mama wou er niets van horen. Alweer redde Papa me uit de nood. Hij gaf me geld voor een flinke tak en hielp me om hem op een houten kistje te spijkeren. Myriam koos partij voor Mama en draaide mijn mini-kerstboom de rug toe, maar Alexandra hielp me met versieren. We maakten een ster van Bethlehem van ijzerdraad en een kruis van twee potloden die we met een touwtje aan elkaar bonden. Toen Mama begreep dat niemand behalve Hitler in eigen persoon mij m'n kerstfeest zou kunnen afnemen, kookte ze rozenbotteljam om bij de surrogaat thee te serveren, maar alleen op voorwaarde dat we dat kruis zouden verwijderen. Ik was al lang blij want ik vond hem zelf ook niet zo geslaagd. Onze stal daarentegen was een toonbeeld van vindingrijkheid. Mijn pop Marguerite stond, verkleed als de maagd Maria, tussen een pluche olifant en eekhoorn bij wijze van os en ezel. Een wollen aap en drie lappenpoppen speelden voor Jozef en de herders. Andere speelgoedbeesten waren de drie koningen. Mijn babypop, Robbie, was de Heiland. Hij kwam uit de kersttak neerdalen en bengelde aan een haarlint boven de kribbe, die we gebouwd hadden van vier door onszelf in huis gesmokkelde bakstenen, die na de bouw van de meest onvindbare schuilplaats ter wereld waren blijven liggen. Zelfs Mama kon bij het zien van de kribbe een glimlach niet bedwingen.

Op de grote dag ging alles precies volgens plan, behalve dat Papa onze Joden naar de zolder verbande waardoor mijn bezemsteelspel zinloos werd. Maar zelfs op zolder moesten de Joden hun eeuwige gekibbel opschorten tot het einde van de partij. Dat deden ze dan ook heldhaftig.

Gedurende al die drukke weken dat ik het feest had voorbereid had ik me altijd voorgesteld dat Jezus zo beleefd zou zijn op zijn eigen verjaardag te verschijnen zodat hij met eigen ogen kon aanschouwen dat ik niet een complete mislukking was. Ik had wel honderd keer gerepeteerd hoe ik hem nederig zou aanraden mij van mijn taak te verlossen en Lotte in mijn plaats aan te stellen. Maar Jezus kwam niet op zijn verjaardag en verscheen ook daarna nooit meer. Ik was zwaar beledigd maar ook opgelucht.

Jaren later ervoer ik iets dergelijks toen een vrijer aan

wie ik de bons had willen geven me die kans ontnam door me voor te zijn.

Nog meer schildpadden

Rodenburghlaan 25 was een rijtjeshuis met een kleine voortuin (waarin we niet mochten spelen om geen lelijke woorden op te vangen van straatkinderen) en een wat grotere achtertuin waarin mijn zusjes en ik ieder een eigen stukje grond hadden van ongeveer één bij anderhalve meter. Ik was de middelste dochter en kreeg dus het middelste lapje grond. Soms kreeg ik toestemming om door de buurt te zwerven met een blikken emmer en een afgedankte eetlepel en onogelijke sprietjes uit te graven die tussen de straatstenen groeiden en anders door voetgangers vertrapt zouden kunnen worden. Ik koesterde een grote liefde voor die dappere verschoppelingen en verhuisde ze naar mijn privé tuintje waar ze naar hartelust mochten groeien en bloeien. Mijn zusjes hadden minder belangstelling voor tuinieren. Alexandra was nog maar een kleintje en Myriam was een boekenwurm. Toen Mama zag dat er bij mijn zusjes niets groeide, kocht ze een zakje Oost-Indische Kers zaadjes en liet ze dat lukraak over hun tuintjes leegstrooien. In minder dan geen tijd overwoekerden de stralende oranje bloemen alle beschikbare grond en zat ik met het eeuwenoude dilemma: de agressieve buren te lijf te gaan of toelaten dat de sterken de zwakken uitroeien. Het opkomen voor de rechten van mijn onkruid bracht ook mee dat ik de schildpadden uit de buurt moest houden, en aangezien het me al evenmin zinde om dieren de hele dag in een kooi te houden moest ik voortdurend op ze letten, en hoe meer ik de schildpadden in 't oog hield, hoe meer ik ook van hèn ging houden. Toen onze allerkleinste schildpad, Rabindranath Tagore, spoorloos verdween, was ik zo verdrietig dat Mama een advertentie in het Amstelveense krantje plaatste. Nog diezelfde dag werden er schildpadden in alle maten en soorten in onze voortuin gedeponeerd door mensen die ze net als wij in de plaatselijke dierenwinkel hadden gekocht en nu maar al te blij waren er op een fatsoenlijke wijze vanaf te komen zodat ze hun tuin konden gebruiken om sperziebonen en winterwortels te telen. Aldus werd ons huishouden verrijkt met Homerus, Celsius, Michelangelo, Penelope en vele anderen van wie ik de namen inmiddels ben vergeten.

Al gauw hadden we meer schildpadden in de tuin dan Joden op zolder. De schildpadden namen genoegen met gras en blaadjes, maar de Joden hadden degelijkere kost nodig. Heel wat mensen zouden maar al te graag een paar Joden in huis hebben gehaald als ze met een biefstuk op hun lapel waren gekomen in plaats van met een gele ster. Papa die moeite had aan onderduikadressen te komen als hij niet een regelmatige toevoer van etenswaren beloofde, leed onder een teveel aan Joden en een tekort aan voedsel en had grote sommen geld nodig om de weegschaal in evenwicht te houden. Hij fietste naar Nijmegen en vroeg zijn ouders om hulp.

Opa Dirk van Hulst

Mama hield niet van haar schoonouders en maakte daar geen geheim van. Volgens haar waren ze teleurgesteld dat hun zoon niets beters had gevonden dan een gewone Jodin.
Daarentegen hield Papa vol dat zijn vader hem kort na de eerste kennismaking met Paula in het oor had ge-

Opa Dirk van Hulst

Papa met de kaasslinger

fluisterd: "Gefeliciteerd, zoon. Ik wou dat ik indertijd het lef had gehad met zo'n pittig vrouwtje te trouwen." En inderdaad, je verveelde je niet met Mama. Behalve dat ze muzikaal en artistiek was, had ze een aangeboren talent voor het nabootsen en in de maling nemen van haar medemensen. Papa's moeder en ongetrouwde zusters behoorden tot haar favoriete doelwitten. Als ze na het avondeten de geest kreeg lagen we alras met z'n vijven in een eindeloze slappe lach onder de tafel. Hoewel die gezamenlijke pretbuien een onverbrekelijke band tussen ons vormde, vroeg ik me af waarom Papa het bespottelijk maken van zijn familie niet verbood, temeer daar hij zelf ook een uniek gevoel voor humor bezat. Zo zette hij eens zijn hoge hoed op en ging, zwaaiend met zijn wandelstok op blote voeten en in ochtendjas in de sneeuw wandelen, gewoon om de buurt op stelten te zetten.

En op een keer, toen Mama hem had gevraagd om kaas te raspen voor de spaghettischotel waar ze in de keuken de laatste hand aan legde, sneed hij een heel kilo kaas in dobbelsteentjes die hij aan elkaar reeg met een stopnaald, waarna hij de ketting aan de lamp hing en van onder tot boven opat, aanvankelijk plat op de grond liggend en tenslotte op zijn tenen tussen de borden staand.

Of mijn niet-Joodse grootouders al of niet tevreden waren over Papa's huwelijk, kan ik niet nagaan. Wel weet ik dat ze betrouwbare mensen waren die onderscheid wisten te maken tussen goed en kwaad. Opa Dirk begreep heel goed waarom Papa zo veel geld nodig had en hij aarzelde niet hem een derde te geven van zijn lang niet onaanzienlijke fortuin, hetgeen overeenkwam met Papa's toekomstige erfdeel. Maar om al die Joden van eten te voorzien was geld niet genoeg. Een onuitputtelijke vindingrijkheid was al even noodzakelijk. "De hemel is de grens," was een van Papa's gevleugelde woorden en werkelijk, de trucs die hij bedacht overtroffen elkaar in originaliteit.

Hij hoorde over een bescheiden worstfabriek in het centrum van Amsterdam en legde contact met de man wiens taak het was de dagproductie weg te bergen voor de nacht. Worsten plachten in die tijd met de uiteinden aan elkaar te worden gebonden waardoor ze een lus vormden die aan een stok kon worden geregen. De man droeg dan ook iedere avond meerdere malen twintig á dertig worsten aan een stok over zijn schouder van de plaats waar ze werden gemaakt naar de plaats waar ze werden opgeslagen, zoals een zwerver in kinderboeken zijn bundel aan een stok over zijn schouder draagt. Twee Duitse soldaten hielden de worstendrager in het oog: de ene keek toe hoe hij zijn stok in de productiezaal vollaadde, de andere zorgde dat hij bij het afladen niets achteroverdrukte. Geen van beiden had de opdracht de man op zijn weg te begeleiden. Aldus pendelde de man heen en weer, steevast op een drafje, met alleen een minimale vertraging bij het omslaan van een bepaalde hoek bij een raampje dat uitkeek op een verlaten terrein waar een van Papa's vertrouwelingen een flinke vracht grint had gedumpt.

Iedere avond als de worstendrager die hoek omsloeg liep hij als bij toeval één stap vooruit en twee stappen achteruit, waarbij het uiteinde van zijn stok gedurende een halve seconde door het openstaande raampje stak. Wie van Papa's vertrouwelingen zich achter de grinthoop bevond kwam een uur later thuis met een en soms zelfs twee worsten.

Ooms en tantes

Ooms en tantes wisselden elkaar af als de dagen van de week. Het komen en gaan gebeurde altijd 's nachts. Onze allereerste 'tante' was Lou, de gescheiden vrouw van Papa's beste vriend, Harry Romp. Verbaasd realiseerden we ons dat ook tante Lou Joods was.

Een van de ooms leerde ons kunstjes met een pennenmes, een andere loste kruiswoordpuzzels met ons op, de ene tante las ons voor, de andere leerde ons breien. Allemaal waren ze aardig maar geen van allen bleef langer dan een paar dagen.

Er waren ook kinderen. Ons vierjarige achternichtje Anneke van Dam, die een nacht in Alexandra's bed mocht slapen, hield maar niet op met huilen. We dachten dat ze naar haar moeder verlangde maar het enige wat ze wilde was een gele ster op haar trui net als haar broertjes Hans en

V.l.n.r: Myriam, Hans van Dam, Hannah en Alexandra

Erik hadden gehad toen de Duitsers ze kwamen halen. Hans zat een tijdlang vóór mij in de klas. Op een dag was zijn bank leeg. Ik heb hem nooit teruggezien. Gelukkig overleefde Anneke de oorlog. Haar oudste dochter heet Chaja, wat het Hebreeuwse woord is voor 'Leven'.

En dan was er Hayim Elte, de enige zoon van Mama's vriendin Rascha Rivlin. Hayim's valse papieren waren zo betrouwbaar dat hij zich niet hoefde te verstoppen. Zijn valse naam was Hein. Hij was vijftien en mocht als timmermansknecht op het erf achter Papa's kantoor werken. Hij lunchte iedere dag bij ons. Op een zomermiddag had het buurtcomité straatwedstrijden voor kinderen georganiseerd. Enthousiast stelde Hein voor om aan de hardloopwedstrijd mee te doen met mij op zijn schouders. Voor ik wist wat er gebeurde hield ik me vast aan zijn hoofd en knelde ik zijn gespierde nek tussen mijn blote benen. Als een losgebroken paard galoppeerde hij door de Keizer Karelweg.
De scherpe geur van zijn zweet rees naar mijn neusgaten en het bloed klopte in mijn dijen. Briesend en zwetend sprintte hij voort tot hij bij de eindlijn neerviel en ik onder het slaken van een rauwe kreet overvallen werd door mijn eerste verbijsterende orgasme.

Goede en foute buren

Onze linkerburen waren 'fout', maar onze rechterburen waren prima, verzekerden ons Papa en Mama. Op een nacht belde iemand bij de goede buren aan. Toen Miep Johansen de deur opende vond ze een pasgeboren baby op de stoep. Ze nam hem in huis en noemde hem Bennie naar haar man die Bernhard heette net als onze Prins Gemaal. Ze legde Bennie in de poppenwieg van haar nichtje en verzorgde hem met alle liefde die ze als kinderloze vrouw te geven had.

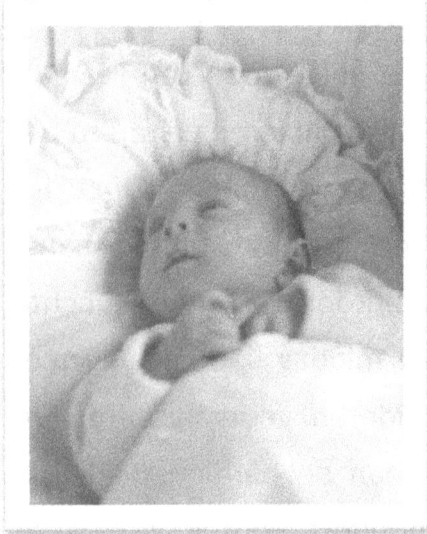

Een vondeling op de stoep

Na de oorlog kwam er niemand om Bennie. Een jaar, twee jaren gingen voorbij en Miep en Ben Johansen raakten gewend aan het idee dat hij voor altijd hun zoon zou blijven.

Op een zondagochtend, toen Ben senior met Ben junior uit de kerk kwam, sprak een onbekende vrouw grote Ben aan met de woorden: "Wat een schattige kleinzoon hebt u!"

"Hij is niet mijn kleinzoon," antwoordde de trotse vader. "Hij is mijn zoon."

"Echt waar?" vroeg de vrouw. "Op uw leeftijd, zo'n jong kind? Ik dacht juist... Hij lijkt als twee druppels water op mijn dochter Maud. Ik bedoel... hij is toch niet toevallig een geadopteerd kind? Een Joods kind, bedoel ik? Zou hij mijn verloren zoontje kunnen zijn?"

Bennie ging terug naar zijn Joodse moeder en kort daarna overleed Ben Johansen aan een hartaanval. Bennie's Joodse vader, wiens naam Benjamin Hazan was geweest, was door de Duitsers vermoord. Moeder Hazan had geen betere naam voor haar zoon kunnen bedenken dan degene die hij al had. Dus Bennie was hij en Bennie bleef hij. En het was Bennie's Joodse moeder die het raadsel van de verloren schakel oploste.

Degene die nodig was geweest om het kind bij zijn biologische familie terug te brengen was onze eigen, inmiddels overleden Mama.

Papa had van de hele episode niets geweten. Dit toont aan hoe in de oorlog zelfs echtelieden en boezemvrienden elkaar zo weinig mogelijk vertelden. Immers, hoe minder je wist, hoe minder je kon verklappen als je werd opgepakt.

Rudie Reisel

De Johansens verborgen ook Rudie Reisel. Mijn zusjes en ik ontmoetten Rudie pas na de bevrijding. Hij was toen een knappe jongeman van een jaar of twintig. Zelf waren we tegen die tijd drie giechelende bakvissen die collectief verliefd op hem werden, maar hij ging op *alijah* en brak daarmee onze harten niet. Voordat Rudie Nederland verliet, vertelde hij ons dat hij enige tijd in Amsterdam was ondergedoken, maar op een dag werd bekend dat zijn contactpersoon in de val was gelopen, waardoor Rudie's onderduikadres onveilig werd. Rudie's gastheren vertrouwden dit toe aan een vriend die beloofde te zien wat hij kon doen. De tijd drong. Diezelfde avond na spertijd kwam een lid van de Gestapo Rudie ophalen.

"Dit is het einde, dacht arme Rudie".

Maar de vreemdeling fluisterde in het Nederlands: "Wees niet bang. Ik ben gekomen om je naar een veilig adres te brengen. Spring op mijn bagagedrager. Schiet op."

Hoewel Rudie Papa nooit eerder had ontmoet, had hij geen andere keus dan te doen wat hem werd opgedragen. Papa verdween in het duister zo snel als zijn fiets zonder banden hem kon dragen. Even buiten Amsterdam stuitten ze op een Duitse barricade. In het pikdonker verdubbelde papa zijn snelheid.

Een wacht riep in het Duits: "Wie is daar?"

"Ich bin's," antwoordde Papa met een perfect Duits accent. "Ik ben het!" En voort spoedde hij zich met Rudie achterop. Lang na middernacht leverde hij de trillende jongeman af bij Dominee Schouten in Amstelveen.

Dominee Schouten was een Godvrezende Christen die het als een heilige taak beschouwde om de Joden tot het ware geloof te brengen. Bovendien was Dominee Schouten naar eigen oordeel een redelijk mens. Toen hij zag dat de Jood die hij zo barmhartig in zijn huis had gehaald een sterke weerstand bood tegen de kerk, zei hij: "Ik geef je zes maanden om tot inzicht te komen. Hier is mijn bibliotheek. Aarzel niet er gebruik van te maken."

Rudie, die verder niets om handen had, bracht dagelijks vele uren door met Dominee Schoutens theologische boekwerken. Na zes maanden eiste Dominee Schouten antwoord op de vraag of Rudie wel of niet in Jezus Christus geloofde. Rudie zei "Nee!"

"In dat geval," zei Dominee Schouten, "moet je mijn huis onmiddellijk verlaten. Je aanwezigheid in ons huis brengt mijn ziel en dat van mijn gezin in gevaar voor Gods aangezicht." Op die dag bracht Papa Rudie bij Ben en Miep Johansen waar hij tot het einde van de oorlog bleef.

De drie die bleven

Van alle Joden die een of meer nachten in ons huis doorbrachten bleven er tenslotte drie permanent hangen. An Petersen, die door Mama als een dochter werd behandeld, woonde twee of drie jaar bij ons. Mama plachtte te zeggen: "Na de oorlog trouwt An vanuit ons huis. Daar zal ik voor zorgen." Maar na de oorlog was Mama dood en emigreerde An, die Vera Cohen bleek te heten, naar Zuid-Afrika. We hebben nooit meer iets van haar gehoord.

Oom Frits en tante Kitty bleven ook. Oom Frits was een violist zonder viool, een vroegere leerling van Mama's aanbeden leraar, Alexander Schmuller. Mama bewonderde oom Frits zozeer dat ze hem haar eigen dure viool leende en zolang voor zichzelf een eenvoudiger instrument op de kop tikte. Iedere avond nadat de gordijnen dichtgetrokken waren kwam oom Frits op zijn tenen naar beneden om duetten met Mama te spelen.

De NSB buren konden onmogelijk horen of er bij ons op een of op twee violen werd gespeeld, maar bleken muziek in al zijn vormen te haten en bonsden vaak op de muur om ons daaraan te herinneren.

Soms werd ik 's nachts wakker als Mama en oom Frits samen musiceerden. De muziek gaf me het gevoel dat ik een kuiken was dat op het punt stond uit het ei te breken. Dan slipte ik uit bed en ging stilletjes op de trap zitten met een deken om mijn schouders. Soms stopte de muziek na een paar stukken en sloop ik terug naar bed zonder dat iemand me had ontdekt. Andere keren kon het gebeuren dat Papa de deur naar de gang opende alsof hij wist dat ik daar zat, en me naar binnen wenkte. Dan kroop ik op zijn knieën. Dicht tegen elkaar aangedrukt in een donker hoekje van de kamer luisterden we samen, lachten en huilden we samen; lachten omdat we het voorrecht hadden te horen en te zien, huilden omdat we de sleutel niet bezaten van de

Een ivoren toren van liefde en muziek

ivoren toren van liefde en muziek die oom Frits en Mama samen bouwden bij het flikkerende licht van onze enige karbietlamp die brandde met de zure geur van hekserij en donderstormen.

Schildpadden in een kistje

In de herfst van 1944 brachten we onze schildpadden naar de kelder waar ze, zoals ieder jaar, zouden overwinteren in een kistje gevuld met droge bladeren. "Ik wou dat ik een schildpad was," zei Mama. "Ik wou dat ik in een kistje mocht slapen om over een tijdje in een betere wereld wakker te worden." Een week later werd ze ziek. De naam van haar ziekte was Colitis Ulcerosa. Ze moest naar het ziekenhuis om geopereerd te worden en beloofde binnen een maand weer thuis te zijn. Papa bleef in ons huis wonen met An, oom Frits en tante Kitty. Myriam sliep 's nachts bij kennissen maar kwam na schooltijd altijd eerst thuis zodat de buren zich niet zouden verbazen als ze geluiden in ons huis hoorden op tijden dat Papa weg was. Alexandra en ik gingen bij de familie Mertens op de Machineweg logeren. Hoewel we zonder het te weten de zwaarste en koudste winter van de Tweede Wereldoorlog beleefden horen de maanden die we bij tante Ans en oom Her Mertens logeerden tot de vruchtbaarsten en onvergetelijksten van mijn leven.

Oom Her gaf me één vel kwarto papier per week. Ik knipte de vellen altijd in een groot vierkant en een kleine rechthoek. Van maandag tot en met vrijdag tekende ik op het kleine rechthoek om zo het grote vierkant voor het weekend te sparen. Op de grote vierkanten illustreerde ik altijd een couplet van een ondeugend liedje dat oom Her ons leerde, na het eten als we in het donker zaten. Om redenen die ik niet meer kan bedenken gaf ik die nogal provocerende tekeningen altijd cadeau aan oom Arie de Froe als hij ons met Papa kwam bezoeken.

Oom Her had een moestuin en bijenkorven. Van de bijenwas maakte hij kaarsen die we zo zuinig mogelijk gebruikten. Elke avond na zonsondergang, en voordat oom Her een van zijn kostbare kaarsen aanstak, zat ik op de trap in de hal met mijn viool en improviseerde wijsjes waarop Alexandra met Jessie en Ieneke Mertens danste.

Papa's grootste zorg was en bleef het vinden van voedsel voor de vele mensen voor wie hij zich verantwoordelijk voelde. Ietsje buiten het dorp woonde een boer die rijk was geworden door met de Duitsers te heulen. Ofschoon de Duitsers het vee van de meeste boeren al lang hadden geconfisceerd, bezat Piet Fransen nog altijd een aantal melkkoeien. Het was Rudie's idee om boer Fransen een voorstel te doen: Als hij zo-en-zoveel kilo aardappelen en zo-en-zoveel liter melk per week leverde zonder vragen te stellen, zou Papa na de oorlog in zijn voordeel getuigen. Piet Fransen, die wel begreep dat de Duitsers bezig waren te verliezen, en dat hij na de oorlog voor zijn slechte gedrag zou worden gestraft, stemde toe. Na de oorlog heeft Papa zijn woord gehouden.

School

Gedurende de hele oorlog was school de enige houvast in ons leven. Al het andere verdween of werd verboden. Vrienden werden vijanden, Joden werden Ariërs of werden weggevoerd, mensen die gisteren leefden waren vandaag dood. Maar toen de Duitsers onze school in een kazerne voor henzelf veranderden, huurde de gemeente onmiddellijk een gymnastieklokaal waarin wij, lagere schoolkinderen onderwijs kregen alsof onze levens afhingen van twee maal twee is vier. In dat gymnastieklokaal konden niet meer dan zestig kinderen tegelijk zitten. Daarom leerden twee klassen van acht tot elf, twee andere klassen van elf tot twee en de twee overige klassen van twee tot vijf. Het rooster verschoof van week tot week zodat niemand altijd voor donker hoefde op te staan of na donker terug naar huis hoefde te lopen. Myriam was al op de middelbare school. Alexandra en Jessie waren in dezelfde ploeg en konden samen van en naar school lopen, maar Ineke en ik liepen altijd in ons eentje langs die griezelige dijk waar ik ooit een man had zien doodvallen.

Aangezien Mama in het ziekenhuis lag en me dus niet langer vioolles kon geven, nam oom Frits dat deel van mijn opvoeding voor zijn rekening. Twee maal per week nam ik mijn viool mee naar school en ging ik voor of na schooltijd naar de Rodenburghlaan voor een les. De les vond plaats in Papa's werkkamer waar tante Kitty achter gesloten gordijnen een keer per dag een piepklein kacheltje aanstak om een schaduw van een maaltijd voor haarzelf, oom Frits en An te bereiden. De goede buren wisten van het arrangement. De foute buren werden geacht te geloven dat ik twee maal per week thuis een uurtje viool kwam studeren.

Op een dag zat ik na de vioolles beneden huiswerk te maken. De gordijnen waren open zodat de buren goed konden zien dat ons huis bewoond was. Ineens zag ik een Duitse soldaat over het hek in de achtertuin klimmen. Tegelijk werd er hard op de voordeur gebonsd. Maandenlang had Papa ons gedrild voor precies zo'n situatie. Jarenlang had hij de hoop uitgesproken dat het vreselijke waar we voor oefenden nooit zou plaatsvinden, en jarenlang had ik heimelijk het tegendeel gehoopt. Niet dat ik onze Joden iets kwaads gunde. Ik wilde ze alleen zo ontzettend graag redden. Op 29 Januari 1945 kreeg ik de kans van mijn leven.

Misverstand

Voordat ik beschrijf wat er op die dag gebeurde wil ik duidelijk gezegd hebben dat er in 1989 een goed gedocumenteerd boek over Amstelveen in oorlogstijd is verschenen waarin de schrijfster, Tini Visser, helaas het heldhaftigste uur van mijn leven toekent aan mijn zusje Myriam.

Myriam, die indertijd door Tini Visser is geïnterviewd, heeft mij sindsdien haar excuses aangeboden voor de onnauwkeurigheid. Ik weet dat het voor de lezers van Tini Visser's boek niets uitmaakt wie op die dag alleen thuis was,

Myriam of ik, maar het is voor mij belangrijk dat mijn nazaten zich realiseren dat ik het was die, toen puntje bij paaltje kwam, de situatie onmiddellijk juist inschatte, en dat ik het was die, in tegenstelling tot Lord Jim in Conrads gelijknamige boek, de kans van mijn leven wist te grijpen op het moment dat die zich voordeed. Wat zich op 29 Januari 1945 op de Rodenburghlaan afspeelde heeft meer invloed op mijn verdere leven gehad dan welke andere gebeurtenis dan ook.

Hoe het in werkelijkheid toeging

Om de waarheid te zeggen was het meer mijn lichaam dat reageerde dan mijn verstand, want toen ik die Duitser daar over het hek van de achtertuin zag klimmen waren het mijn benen die als het ware op eigen initiatief naar de keuken renden en mijn hand die geheel uit zichzelf de achterdeur op slot draaide op het moment dat die Duitser op het punt stond het huis binnen te stormen. "Open die deur!" riep hij in zijn moffentaaltje, maar ik frommelde aan de sleutel, trok een wanhopig gezicht en riep terug: "De sleutel wil niet draaien. Het slot is roestig. Wacht, er wordt op de voordeur geklopt." Op mijn weg naar de voordeur slipte ik mijn hand achter de jassen aan de kapstok in het voorportaal. Daar zochten mijn gedrilde vingers de elektrische schakelaar om die drie maal aan en uit te knippen. Niet dat we in de winter van 1944/45 nog elektriciteit hadden, maar die speciale schakelaar zorgde door middel van een verstopte batterij dat er een zoemer overging in de poot van het bed van oom Frits en tante Kitty.

In plaats van de voordeur te openen slenterde ik terug naar de woonkamer om een werkje te doen dat uitsluitend geassocieerd kan worden met het laatste jaar van de Tweede Wereldoorlog, namelijk uitgummen van op eerdere dagen geschreven huiswerk om de bladzijden van het schrift opnieuw te gebruiken. Mijn gummetje had de omtrek van een manchetknoopje maar kon op school niet voor een nieuw worden ingewisseld voordat het nog half zo klein was. Ofschoon mijn hersens het onophoudelijke bonzen op de voordeur moeten hebben geregistreerd, herinner ik me alleen hoe ik gumde en gumde en gumde tot mijn hart ophield tegen mijn ribben te bonzen als een wilde zee tegen de rotsen. Terwijl ik gumde zag ik mijzelf de touwtjes hanteren van alle marionetten in een macaber toneelstuk. Ik zag simultaan iedere kamer, iedere hoek van ons huis. Mijn handen werkten in de huiskamer, maar mijn hersens zagen hoe de Joden door de dubbele muur op zolder werden opgezogen als vuil afwaswater door het aanrecht nadat ik zelf de stop eruit had gelicht. Ik hield niet op met gummen voordat ik zeker wist dat alle Joden onzichtbaar waren, en ook vandaag, nu ik dit schrijf krijg ik nog kippenvel alsof het gisteren gebeurde. Pas toen ik weer rustig kon ademhalen pakte ik mijn schooltas en slenterde ik terug naar de voordeur om te kijken wie er zo woest stond te bonken.

Ik zag mezelf alsof ik voor een spiegel stond: een onschuldig schoolmeisje met vlechten en een schooltas, die vriendelijk lachend de onverwachte bezoekers nodigde binnen te komen. Een van hen was een Duitse soldaat. Hij rende naar de achterdeur en draaide de sleutel om in het slot. Zijn kameraad kwam binnen. De andere was een NSB-er die me vragen stelde in het Nederlands: "Waar is je vader?"

"Weet ik niet."

"Waar is je moeder?"

"In het ziekenhuis."

"Welk ziekenhuis?"

"Weet ik niet," zei ik maar weer met een onnozel gezicht, al wist ik dat natuurlijk best. Op dat moment hoorde ik gefluit: de eerste paar maten van Cesar Francks vioolsonate. Dat moest Myriam zijn. Ik holde naar de voordeur.

"Niet opendoen," riep de NSB-er maar ik had de deur al geopend.

"Vooruit dan maar. Laat haar binnen, maar laat haar niet meer naar buiten. En nu naar boven, jullie allebei." Ik nam mijn schooltas mee in de hoop de indruk te wekken dat mijn gedachten bij mijn huiswerk waren.

"Wie heeft die kachel aangemaakt?" vroeg de NSB-er" Ik natuurlijk," antwoordde ik onverschillig.

"Wie is hier aan het koken geweest?"

"Ik!"

"Waarom zo'n grote pan? Zijn er nog andere mensen in huis behalve jullie?"

Myriam wenkte de gasten dat ze welkom waren zich te bedienen maar ze trokken hun neuzen op en sloten ons op in Papa's werkkamer.

Met haar tanden trok Myriam de draad stuk die de bladen van mijn schoolschrift aan elkaar hielden. Ze koos twee pas schoon gegumde bladzijden, viste een geblakerd houtje uit de kachel, en schreef op iedere bladzijde een enkel woord. "Waarschuw Papa."

We wachtten bij het raam tot we buurman Johansen de straat in zagen lopen, bonkten op het raam tot hij opkeek, en toonden hem de bladen van het schrift. Ik betwijfel dat hij de woorden kon lezen, maar hij begreep kennelijk waar het om ging, want hij knikte en liep door. De Duitsers barstten binnen en vroegen wat al dat lawaai te betekenen had. Myriam wierp de beschreven bladen in de kachel en wakkerde het vuur wat aan. De Duitsers vertrokken uit de kamer en deden de deur weer op slot.

Alexandra

Meneer Johansen had geen idee hoe hij Papa kon waarschuwen, maar wonder boven wonder kwam daar Alexandra aanlopen. Meneer Johansen had voor zijn raam staan uitkijken, hetzij naar Papa, hetzij naar iemand die hulp kon bieden in de nood. Hij riep Alexandra naar binnen en vertelde wat hij had waargenomen. Alexandra dacht dat Papa misschien wel bij Mama in het ziekenhuis te bereiken zou zijn. Het was in elk geval de moeite van het proberen waard. Samen haastten ze zich naar een buurtgenoot die net als Papa een belangrijke functie bij de gemeente had en daarom nog telefoon aan huis had. Van daar belde Alexandra, die nog geen tien jaar oud was, naar het ziekenhuis op de Prinsengracht. Ze vroeg om haar vader.

"Pech," zei degene die opnam, "Hij is nog geen minuut

geleden vertrokken."

"Alsjeblieft," riep Alexandra door de telefoon. "Ren achter hem aan. Het is ontzettend belangrijk."

De zuster liet zich dat geen tweemaal zeggen. Ze rende de gracht op, zag Papa in de verte fietsen en kreeg hem met schreeuwen en wenken terug in het ziekenhuis waar hij te horen kreeg dat een van zijn dochters hem dringend zocht.

Myriam

Myriam en ik zaten nog steeds boven gevangen toen we beneden de telefoon hoorden overgaan. De deur van Papa's werkkamer vloog open en de Duitsers bevalen ons naar beneden te hollen waar Myriam de telefoon moest beantwoorden terwijl een van hen zijn geweer op haar richtte.

"Zeg dat alles in orde is," siste de NSB-er met zijn oor zo dicht mogelijk bij de hoorn om te horen wie aan de andere kant van de lijn was.

Het was Papa, maar in plaats van te vragen hoe het met Myriam ging, en of hij thuis kon komen, stelde hij voor: "Zullen we weer eens Frans praten, zoals vroeger?"

"Nee," zei Myriam. "Ik spreek liever Nederlands."

"Ik spreek liever Nederlands," zei Myriam

Hieruit leidde Papa af dat er vreemden in huis waren en dat iemand haar misschien zelfs bedreigde. Hij praatte nog even over koetjes en kalfjes en eindigde het gesprek zonder Myriam er toe te hebben verleid zich in gevaar te brengen.

Tante Kitty

Intussen speelde zich elders in huis een nog groter drama af. Tante Kitty had zich in haar donkere schuilplaats herinnerd dat Papa haar een enorme verantwoordelijkheid had gegeven. "Als de Duitsers ooit een inval bij ons doen," had hij haar op het hart gedrukt, "neem dan deze leren tas mee in het schuilhok. Hij zit vol papieren die mij en vele anderen de dood in zullen jagen als ze ooit in verkeerde handen komen. Ik vertrouw ze jou toe, Kitty!" Arme tante Kitty! In de commotie had ze de leren tas op de zoldertrap laten liggen en ze kon zich er zelfs geen voorstelling van maken hoeveel mensen nu door haar verzuim in levensgevaar verkeerden. Moedige tante Kitty! Toen ze hoorde dat de Duitsers naar beneden waren gerend voor het beantwoorden van de telefoon, kroop ze uit haar schuilplaats en haalde de leren tas van de zoldertrap.

Eind goed al goed

Na het telefoongesprek sloten de Duitsers ons opnieuw op in Papa's werkkamer en begonnen ze het huis van onder tot boven te doorzoeken. We konden niets anders doen dan naar hun voetstappen luisteren en hopen dat onze geheime Joden niet zouden gaan niezen of hoesten.

Later hoorden we dat de Duitsers niet op zoek waren geweest naar onderduikers maar naar een radiozender die Papa die ochtend uit het huis van Harry Romp had opgehaald nadat Harry, die daarmee naar Engeland placht uit te zenden, was gesnapt. Ineens brulden de Duitsers als kannibalen die een zendeling hadden gevangen. Myriam en ik kregen bijna een hartverlamming bij de gedachte aan oom Frits, tante Kitty en An. De deur van de werkkamer vloog open en naar binnen marcheerden de kannibalen met hun buit: De eerste droeg een slof sigaretten, de tweede een fles cognac uit de valse schuilplaats, en de derde kwam aandragen met het kistje overwinterende schildpadden dat hij in de kelder had gevonden. De NSB-er werd naar de keuken gestuurd om een mes te halen. Onder het zingen van nostalgische liederen zette het stel zich aan het schrobben en snijden van hun prooi. Watertandend gooiden ze de aan stukken gesneden Oedipus Rex, Fahrenheit en hun kornuiten in de schamele soep die nog steeds op het vuurtje stond te pruttelen. Toen het maal gereed was nodigden ze ons uit het met hen te delen maar we bedankten. Tegen de avond stuurden ze ons weg en verlieten zelf ook het huis met een zak vol chocoladerepen en misleidende documenten uit de valse schuilplaats.

Er gingen nog heel wat uren voorbij voordat Papa met behulp van een paar betrouwbare Amstelveense politieagenten er in slaagde oom Frits, tante Kitty en An uit hun schuilplaats te verlossen en naar nieuwe onderduikadressen te smokkelen. Pas toen dat eenmaal achter de rug was kon hij beginnen te piekeren over zijn vriend Harry Romp die inmiddels op de Amstelveenseweg gevangen zat. Ondanks alle moeite die hij voor zijn vriend bleef doen, slaagde hij er niet in hem te redden. Harry Romp is op 15 April 1945 door de Nazi's vermoord.

Hongerwinter

Mama met Fedia en Lioubka

De winter sleepte zich voort. Mensen aten elkaars honden en katten, en als ze geluk hadden rozenbottels en tulpenbollen.

Lioubka, onze witte poes met rode vlekken, moet een van de eerste slachtoffers zijn geweest. Ons hondje, Fedia, dat voor de duur van Mama's ziekte bij haar moeder was uitbesteed, overleefde de oorlog maar werd daarna door mijn grootmoeder zo gruwelijk verwend dat hij aan overvoeding stierf.

Tante Ans had nog een zak vol wormstekig meel. Daarvan kookte ze elke avond pap zonder melk, zout of suiker. Wie van ons in de vroegste schoolploeg zat, sloop 's morgens in het donker naar beneden, at de koude, plakkerige brei regelrecht uit de pan, en ploeterde een half uur langs de besneeuwde dijk om nog voor zonsopgang op school te zijn.

Op zo'n ochtend liep ik in mijn eentje over de verlaten dijk. Ik naderde de brug waar ik ooit een dode Jood had gezien en zag een man op een fiets me langzaam tegemoet rijden. Door de sneeuw was het licht genoeg voor mij om te onderscheiden dat de man een bril, een pet en een korte puntbaard droeg. Hoe meer hij naderde, hoe langzamer hij ging rijden. Ik herinnerde me Mama's waarschuwing over slechte mannen die vreselijke dingen doen met meisjes en mijn bloed stolde. Toen de man heel dichtbij was, stopte hij en staarde me strak in het gezicht. Ik wou wegrennen maar mijn benen leken wel verlamd. Dit is het einde, wist ik.

Papa aan het begin en aan het einde van de oorlog

Nu gaat hij 'het' doen. Op dat moment nam de man zijn pet en zijn bril af en zei: "Ik ben het, Papa. Ik wou zien of mijn eigen dochter me in mijn vermomming zou herkennen."

Nadat de Duitsers in ons huis waren geweest, was Papa ondergedoken, maar dat nam niet weg dat hij zich nog steeds verantwoordelijk voelde voor de talrijke Joden in wier levensonderhoud hij had beloofd te zullen voorzien. Hij kon onmogelijk de hele dag niets doen. Op de ochtend dat ik hem op de dijk ontmoette was hij weer eens op jacht naar voedsel.

Alexandra's tiende verjaardag

In de vroege ochtend van Alexandra's tiende verjaardag droomde ik dat Mama me de bloedkoralen ketting gaf die Papa voor haar had gekocht op de dag dat ik werd geboren.
"Dank je wel voor deze mooie dochter," had hij gezegd.
"Dank je wel voor deze mooie ketting," had ze geantwoord. "Ik zal hem aan Hannah geven op de dag dat ze trouwt."
Terwijl ik aan het dromen was ging Mama dood. De volgende ochtend kwam Papa ons vertellen dat ze was overle-

den. "Nu hoef ik niet te wachten tot ik ga trouwen om de koralen ketting te krijgen," dacht ik bij mezelf, en ik huilde hartstochtelijk, niet omdat ik mijn moeder had verloren, maar omdat ik zo iets vreselijks had gedacht. Tante Ans, die van nature nogal terughoudend was, nam me bij zich in bed en omhelsde me tot ik ophield met huilen.

De laatste keer dat we Mama zagen lag ze in een kartonnen doos, gekleed in een soort bruidsjurk. Hoewel nog steeds niemand mocht weten dat ze eigenlijk Joods was, had Papa toch gewild dat haar handen vrij over elkaar lagen en niet door de zuster waren gevouwen als in Christelijk gebed. Ze leek op zo'n dure pop met echt haar en slaapogen, zoals ik zo vaak voor mijn verjaardag had gewenst.

Papa kwam voor een paar uur uit zijn onderduik om Mama te begraven. Hij had een tweewielige aanhangwagen aan zijn fiets bevestigd. Daarop laadde hij de doos en bedekte die met een zwarte lap. Hij stuurde de fiets.
Myriam en Alexandra liepen links en rechts van onze bruid en ik liep achteraan met de zwarte sleep in mijn hand.

Emmy Elffers-Andriesse volgde ons op enige afstand zonder dat wij, kinderen, dat wisten.

Na de oorlog vertelde Papa ons dat Emmy een revolver in haar handtas had gehad, en dat hij haar had laten beloven dat ze hem recht in het hart zou schieten als de Duitsers hem aanhielden. Hij wilde liever op slag dood zijn dan het risico te lopen Joden of ondergrondse strijders te verraden.

Lang nadat mijn tenen in ijspegels waren veranderd ploegden we nog steeds door de sneeuw. Ik vroeg me af of Papa wist hoe slecht ik mij voelde, en of Mama in haar bruidsjurk geen kou zou vatten. Ik vroeg me af of haar ziel bezig was door een tunnel te kruipen of dat er vleugels aan waren gegroeid waarmee ze ten hemel kon varen, wat me meer gepast voorkwam, behalve dat Papa had gezegd 'overleden' en niet 'overvaren' of 'overvlogen'. Ik vroeg me af of de Duitsers een overleden Jood zouden vermoorden als ze er een te pakken kregen die net bezig was naar het paradijs te varen. Ik vroeg me af hoe lang het zou duren om te verbranden als je eerst moest ontdooien. Ik vroeg me af of Mama de tijd had gehad met Papa over de koralen ketting te praten. Ik probeerde te huilen maar mijn tranen bevroren.

We verlieten Amsterdam en naderden de begraafplaats die Zorgvlied heette. Terwijl we zwijgend door de sneeuw ploeterden kwam een fietser ons achterop.

"He daar, jongens," riep hij vrolijk. "Wat zit daar in die grote doos van jullie? Als jullie soms een varkentje op de kop hebben getikt, kom ik vanavond graag bij jullie eten!"

We bereikten Zorgvlied en legden de doos met onze pop, onze Jood, onze bruid, ons varken in een gat. Een man vulde het gat met aarde en sloeg een kruis. We wachtten tot de zwarte plek door witte sneeuw was bedekt en keerden terug naar Amsterdam waar we bij Dick en Emmy Elffers iets te eten kregen. Voordat Papa weer onderdook gaf hij mij de bloedkoralen ketting.

'Manna in de woestijn'

Twee weken later werd ik twaalf. Papa kwam met een wit brood en een half pond boter dat hij van het Zweedse Rode Kruis had gekregen. Hoewel ik de buit met alle aanwezigen deelde, verzwolg ik zo veel zo vlug dat ik even later alles overgaf. Tante Ans was niet boos om de vieze troep maar ze kon wel huilen om al dat verspilde voedsel.

Naar Amsterdam

In April verhuisde Papa zijn verminkte gezin naar Amsterdam waar we introkken bij Grethe la Croix die haar man in de oorlog had verloren. Papa was tweeënveertig. Grethe negenendertig. Ze had twee dochters, Tineke en Colette, die zodoende onze zusjes werden.

Op 5 Mei 1945 eindigde de oorlog zoals hij begonnen was met buitenlandse soldaten, vuurwerk en vliegtuigen. De soldaten heetten *'yankies'* in plaats van moffen, het vuurwerk was echt en de vliegtuigen wierpen voedselpakketten.

In Mei 1940 woonden we zo dicht bij Schiphol dat we het begin van de oorlog door ons slaapkamerraam zagen. In Mei 1945 woonden we bij Grethe op de Stadionkade, wat toen de laatste straat was van bebouwd Amsterdam.

Opnieuw drukten we onze neuzen tegen het raam plat en opnieuw zagen we het spektakel in al zijn glorie. Of we renden het huis uit en vingen een pakket! Toen ik al dat voedsel zomaar uit de hemel zag vallen begreep ik wat Dominee Modderman bedoeld had met 'manna in de woestijn'.

In 1990, dus vijfenveertig jaar na het einde van de oorlog, maakten mijn man en ik deel uit van een Jeruzalems programma geheten "Ontvang toeristen bij u thuis". Zo kwam op een dag het Amerikaanse echtpaar Griswold bij ons op bezoek. Toen Earl Griswold hoorde dat ik in Amsterdam was geboren mijmerde hij: "In de Tweede Wereldoorlog was ik een jachtvlieger. We vlogen over Nederland om Duitsland te bombarderen, maar toen de oorlog voorbij was vlogen we nog een paar keer naar Amsterdam om voedselpakketten te droppen. Ik heb nooit geweten wat er precies in zat."

"U dropte ze?" riep ik uit en ik vloog mijn verbouwereerde gast om de hals. "U dropte ze en ik raapte ze op. Koekjes, droge koekjes zaten er in. De lekkerste die ik ooit heb geproefd!"

Terug naar Amstelveen

Papa die officieel nog steeds gemeente-ingenieur van Amstelveen was, werd geacht in de Gemeente Nieuwer-Amstel te wonen. Maar ons huis in de Rodenburghlaan werd inmiddels door anderen bewoond. Een woning was moeilijk te vinden nu er zoveel ontheemden uit de concentratiekampen en de onderduik terugkwamen. Een groot betonnen gebouw op de Amsterdamseweg nummer 511 stond leeg. Het was in de oorlog een tehuis geweest voor Nederlandse meisjes die een kind van een Duitse soldaat hadden of verwachtten.

In Mei 1945 werden al die ongetrouwde moeders kaal geschoren en met baby en al naar Duitsland verbannen. Het gebouw werd toegekend aan gemeente-ingenieur Van Hulst en zijn gezin.

Grethe noemde het huis *'Brouhaha'*, hetgeen Frans is voor 'rumoer'. Pas toen ik al lang in Jeruzalem woonde ontdekte ik dat *'Brouhaha'* een verbastering is van het Hebreeuwse *'Baroech Haba'* - welkom!

In tegenstelling tot Papa en Grethe, die het achteraf slecht met elkaar konden vinden, hadden wij meisjes niets te klagen. We hadden elk een eigen kamer en allemaal samen hadden we een plat dak zo groot als een tennisbaan en een huiskamer waarin Grethe concerten organiseerde voor tientallen vrienden, die allemaal communist en bohemien waren en bij wie Papa zich totaal niet thuis voelde.

We hadden ook een verwilderde achtertuin waarin we kippen en konijnen mochten houden en die aan een sloot grensde waarop we 's winters zo vanuit ons huis konden gaan schaatsen.

Bovendien waren er twee kinderbadkamers, een met twaalf wastafeltjes op een rij, de andere met vijf wc'tjes waarop Tineke en Colette, Myriam, Alexandra en ik soms gezamenlijk onder wild gejoel onze grote en kleine behoeften deden.

En als klap op de vuurpijl was er een enorme kelder waarin duizenden boekjes lagen met foto's van Hitler als pasgeboren baby, Hitler als engelachtige kleuter, Hitler als artistieke tiener, Hitler te paard, Hitler op de fiets, Hitler als romantische jongeling en Hitler als militair genie. Van al die Hitlers maakten we een gigantisch vreugdevuur in de tuin.

Achteraf spijt het me dat ik niet één exemplaar van die boekjes heb bewaard als curiosum, maar in die tijd wilden we niets liever dan Hitler met huid en haar vernielen.

Naweeën van de oorlog

Papa en Grethe gingen uit mekaar. Papa vestigde zich in Amersfoort en werd zakenman. Al weigerde hij over het verleden te praten, toch had hij een tik van de oorlogsmolen gehad. Het nemen van onverantwoordelijke risico's was hem in het bloed komen te zitten en dat viel bij bankdirecteuren niet in goede aarde, vooral van iemand die zelf geen rooie duit bezat. Zijn zusters, die na de dood van hun ouders goed in de centen waren komen te zitten, hielpen hem veel en vaak, maar de miljoenen die Papa aan de einder zag wenken bleven hem ontsnappen.

Over zijn heldendaden in de oorlog zweeg hij als een schildpad, of als een giraffe, het bij uitstek vredelievende dier waar Mama hem mee placht te vergelijken vanwege zijn lange hals. Als hij ons, zijn dochters, toch zo nu en dan iets vertelde was dat bij hoge uitzondering en strikt privé. Soms hadden we geluk en vingen we toevallig iets op. Zo was ik er eens getuige van dat een man op straat Papa als meneer De Wit aansprak. Niet alleen liet Papa de man in zijn waan, maar hij beloofde zelfs de groeten te zullen doen aan meneer Van der Stad. Nadat de man vertrokken was kreeg ik te horen dat zowel 'De Wit' als 'Van der Stad' tot Papa's vele oorlogsnamen had behoord.

Toen sommigen van Papa's beschermelingen hem na de oorlog door *Jad vaShem* in Jeruzalem wilden laten erkennen als *Rechtvaardige onder de Volken*, wilde hij daar niets over horen. Wel was hij ten hoogste vereerd toen zijn Israëlische schoonzoon, de kunstenaar Abraham Yakin, in het hartje van Jeruzalem een standbeeld oprichtte van een levensgrote giraffe die bij de onthulling door de directeur van de dierentuin "Jantje van Amersfoort" werd genoemd.

Dat dit in het jaar 1959 mogelijk was, ondanks het toenmalige verbod op het plaatsen van standbeelden in Jeruzalem, kwam door een list van de schoonzoon, de schoonvader ten volle waardig, maar dat verhaal komt in een volgend boek.

תעודת כבוד
Certificate of Honour

THIS IS TO CERTIFY THAT IN ITS SESSION OF SEPTEMBER 29, 1997 THE COMMISSION FOR THE DESIGNATION OF THE RIGHTEOUS, ESTABLISHED BY YAD VASHEM, THE HOLOCAUST HEROES & MARTYRS' REMEMBRANCE AUTHORITY, ON THE BASIS OF EVIDENCE PRESENTED BEFORE IT, HAS DECIDED TO HONOUR

Jan Van Hulst
יאן ואן הולסט

WHO, DURING THE HOLOCAUST PERIOD IN EUROPE, RISKED HIS LIFE TO SAVE PERSECUTED JEWS.
THE COMMISSION, THEREFORE, HAS ACCORDED HIM THE MEDAL OF THE RIGHTEOUS AMONG THE NATIONS.
HIS NAME SHALL BE FOREVER ENGRAVED ON THE HONOUR WALL IN THE GARDEN OF THE RIGHTEOUS, AT YAD VASHEM, JERUSALEM.

Jerusalem, Israel
NOVEMBER 16, 1997

Avner Shalev
ON BEHALF OF THE YAD VASHEM DIRECTORATE

ניתן היום בירושלים
ט״ז חשון תשנ״ח

בשם הועדה לציון חסידי אומות העולם
ON BEHALF OF THE COMMISSION FOR THE DESIGNATION OF THE RIGHTEOUS

Remembrance is the Secret of Redemption (Baal Shem Tov)

WHOEVER SAVES ONE LIFE IS AS THOUGH HE HAD SAVED THE ENTIRE WORLD

Nawoord

In 1997 drong Rudie Reisel er opnieuw op aan dat Papa door *Jad vaShem* zou worden erkend. Alexandra was er tegen omdat Papa het tijdens zijn leven niet had gewild. Ik was er voor omdat in het Jodendom het leven voor de dood gaat, en Rudi moeite had zijn eigen leven tot een waardig einde te brengen zonder zijn dankbaarheid officieel tot uitdrukking te hebben gebracht. Myriam koos de gulden middenweg. Ze liet Rudi weten dat we graag Papa's naam in de *Encyclopedie van de Rechtvaardigen onder de Volken* genoemd wilden zien, maar dat we niet posthuum een medaille voor hem wensten te ontvangen. Aldus geschiedde.
Op 29 september 1997 werd Jan van Hulst, die tijdens de Holocaust zijn leven waagde om vervolgde Joden te redden, officieel door *Jad vaShem* geëerd met de titel *Rechtvaardige onder de Volken*.

Het boek *Rasse und Seele* dateert van voor de Tweede Wereldoorlog. De schrijver legt uit hoe je Joden en andere inferieure volken van de Arische 'übermensch' kunt onderscheiden. Er waren meerdere van dit soort boeken in Duitsland populair. Uit dit soort boeken putte Oom Arie zijn 'wijsheid'.

Onder: onze familie voor het uitbreken van de oorlog.

Patricia O'Donovan's poppenspel "**De dochter van Jan**" is gebaseerd op het verhaal in dit boekje. Patricia speelt in het Engels, Frans, Hebreeuws of Spaans.
Voor informatie mailen naar patod3@googlemail.com

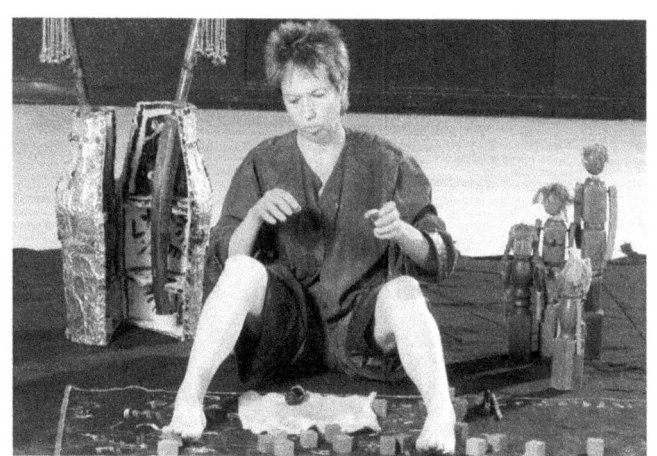

Patricia op het toneel tijdens een uitvoering van "De dochter van Jan".

Myriam en Alexandra met Patricia's poppen tijdens het poppenspel festival in Meppel.

V.l.n.r.: Alexandra, Myriam en Hannah met de halskettingen die Jan bij de geboorte van zijn dochters aan Paula schonk.

Voor andere boeken van Hannah Yakin zie:

www.art-yakin.com – HANNAH - books

Alexandra en Myriam op bezoek in Israël ter gelegenheid van Hanna's 80e verjaardag

www.ingramcontent.com/pod-product-compliance
Lightning Source LLC
Chambersburg PA
CBHW060848050426
42453CB00008B/889